RAVENNE

Pièce.
4° K
2

RAVENNE

PAR

T. DESJARDINS

ARCHITECTE, MEMBRE DE PLUSIEURS ACADÉMIES

LYON

ASSOCIATION TYPOGRAPHIQUE

C. RIOTOR, RUE DE LA BARRE, 12

—

1876

RAVENNE

PAR

T. DESJARDINS

Architecte, Membre de plusieurs Académies

Ravenne, bien réduite actuellement de son ancienne splendeur, avait autrefois sur l'Adriatique un port qui lui donnait une importance réelle, tandis que des atterrissements successifs, en étendant le rivage qui l'avoisinait, du côté de l'Est, ont chassé, aujourd'hui, la mer assez loin pour interrompre, pour ainsi dire, ses communications avec elle, ne laissant plus subsister qu'un canal étroit et peu profond, plus propre à recevoir de simples barques de pêcheurs que des navires. Quelques mots sur son histoire feront comprendre les hautes destinées qui lui avaient été réservées.

Fondée, dit-on, par une colonie de Thessaliens et devenue ensuite partie intégrante de la confédération étrusque du nord de l'Italie, elle passa sous la puissance romaine 234 ans avant Jésus-Christ. Son histoire se confondit alors avec celle de Rome jusqu'au partage de l'empire entre les deux fils de Théodose-le-Grand, Arcadius et Honorius. Ce dernier, qui avait eu l'Occident, afin d'échapper à Alaric, qui avait pris Rome et l'avait mise au pillage, se réfugia à Ravenne en y transportant le siége de son gouvernement. Il y resta et en fit la capitale de ce pauvre empire, dont les hordes venues du Nord s'arrachaient alors les lambeaux, en se ruant les unes après les autres sur les riches terres italiennes du côté desquelles elles étaient attirées par leur convoitise.

Pendant trois quarts de siècle, Ravenne conserva le premier rang parmi les villes de la péninsule et demeura la résidence de ces faibles empereurs qui se succédèrent si rapidement sur le trône impérial. Odoacre, roi des Hérules, s'en empara en 476. Théodoric, à son tour, après un siége qui dura trois ans, prit la ville en 493 et en fit la capitale de la royauté éphémère des Ostrogoths, qui disparut définitivement en 552 sous les coups de Narsès, général des armées de l'empereur Justinien Ier, après avoir été déjà, de 535 à 540, mise en échec par le fameux Bélisaire, qui commandait alors les troupes impériales. Quelques années après, Ravenne devint le siége d'un exarchat et resta attachée à l'empire d'Orient pendant 184 ans, jusqu'en 752, pour être encore une fois conquise par Astolfe, roi des Lombards.

Depuis cette époque, elle appartint successivement, au Saint-Siége, aux Vénitiens, fut indépendante pendant quelques années, et retourna à la cour de Rome à laquelle elle est restée attachée, depuis le XVIe siècle jusqu'aux derniers événements auxquels l'Italie doit sa constitution actuelle.

De grande ville et de ville capitale, Ravenne, descendue au rang d'une cité de quatrième ordre, a dû à son abandon la conservation de ses monuments. Ceux-ci ont été nombreux, considérables par leur étendue, et il en reste encore une assez grande quantité pour justifier pleinement l'intérêt qui s'attache à cette gloire déchue. Appartenant surtout à l'époque de sa plus grande prospérité, c'est-à-dire aux temps qui se sont écoulés entre le Ve et le VIIIe siècle, ces monuments portent l'empreinte des influences romaines et bysantines des empires d'Occident et d'Orient, représentant à cette époque les deux civilisations dont la vitalité était la plus puissante. Ni les Hérules, ni les Goths, peuples barbares qui ne surent pas prendre pied en Occident, n'apportaient un art avec eux ; ils se servirent de ce qu'ils trouvèrent sous leur main, les Lombards, malgré leur plus long séjour en Italie, étaient dans la même impuissance : vainqueurs par les armes, ils furent réellement vaincus par les peuples qu'ils avaient cru asservir, en prenant leurs mœurs, leurs arts et tout ce qui constitue l'ensemble d'une civilisation.

On rencontre donc à Ravenne, dans les monuments, les caractères de la décadence païenne introduite par Honorius et sa cour, avec ceux qui, obéissant à la pression de la civilisation orientale, appartiennent à l'art bysantin. Celui-ci était déjà en pleine élaboration ; sous l'influence des Perses et des autres peuples orientaux limitrophes, dont la civilisation remontait à la plus haute antiquité, il présentait, avec un système de décoration presqu'entièrement original, des solutions nouvelles en matière de construction proprement dite.

Mais les uns comme les autres de ces monuments, précisément parce qu'ils touchent à l'époque où le christianisme sortait des persécutions pour devenir la religion prépondérante, ont en outre pour nous l'intérêt considérable qui s'attache aux premiers essais et aux premiers efforts d'un art qui cherche sa voie et poursuit l'expression qui doit le mieux rendre ses aspirations vers un idéal tout autre que celui de l'antiquité.

Après avoir décrit ceux de ces monuments qui ont attiré le plus vivement notre attention, en faisant remarquer dans quelles limites les diverses influences dont nous venons de parler se sont étendues, nous reviendrons sur leurs caractères principaux et sur le rôle prépondérant que ces influences ont exercé dans la renaissance artistique à laquelle, après diverses transformations, elles conduisirent l'architecture chrétienne, qui bientôt s'imposa à l'Europe entière.

Ravenne peut donc être considérée comme éminemment précieuse pour nous aider à poser à cet égard les jalons de notre enseignement, et si l'étude de ses édifices parvient à jeter quelque lumière sur des questions souvent débattues et dont la solution n'intéresse pas seulement l'Italie, nous n'aurons pas fait une œuvre inutile au point de vue de la science.

I

Sous la domination romaine, Ravenne ne devait pas avoir beaucoup d'importance, si on en juge d'après le petit nombre de débris antiques qu'on y retrouve.

Nous les rencontrons dans un des plus anciens monuments chrétiens de cette ville, le baptistère de Saint-Jean, situé à proximité de la cathédrale, et construit dans les premières années du Ve siècle par les soins d'Honorius. Cet édifice contient, à l'étage inférieur et au-dedans, des colonnes de petit diamètre en marbres variés, avec des chapiteaux différents entre eux comme les fûts qu'ils couronnent, et qui, les uns comme les autres, proviennent d'édifices païens antérieurs. Un autre monument élevé par Galla Placidia, sœur d'Honorius, en 433, la basilique de Saint-Jean l'évangéliste, contient 24 colonnes en marbre, avec leurs bases et chapiteaux d'ordre corinthien, qui doivent provenir d'un monument plus ancien, appartenant, par la sculpture, au premier siècle de notre ère. Ce sont là les seuls monuments de Ravenne où nous ayons rencontré des fragments antiques employés sur une échelle d'une certaine importance. Aussi le caractère des édifices construits dans cette ville, faute de modèles, s'est-il affranchi, plus rapidement qu'à Rome, de l'élément païen proprement dit dans les constructions des premiers siècles du christianisme.

Nous reviendrons sur ces édifices et notamment sur le baptistère de Saint-Jean, qui mérite une description toute spéciale; mais nous voulons dès à présent faire la revue, en quelques lignes, des ouvrages laissés par les gouvernements divers qui ont dominé Ravenne du Ve au VIIe siècle.

Un second baptistère, sous le vocable de Sainte-Marie en Cosmédin, est, dit-on, de la fin du IVe siècle; il fut, plus tard, donné par Théodoric aux Ariens, qu'il protégeait.

Nous avons remarqué avec infiniment d'intérêt, en raison de sa conservation, un autre petit monument construit par les soins de Galla Placidia et pour lui servir de mausolée, dédié d'abord aux saints martyrs Nazaire et Celse; il est donc antérieur à la mort de cette princesse, qui eut lieu en 450.

Enfin, nous fermerons cette liste des édifices où domine l'influence romaine, par la basilique Sainte-Agathe, qui fut érigée en 417 par un préfet chargé de la direction des biens des églises de Ravenne, en Sicile ; et nous mentionnerons, en passant, la cathédrale qui remontait à la même époque, mais qui a été entièrement reconstruite au commencement du XVIIIe siècle. Sous la domination des Ostrogoths, et notamment sous le règne de Théodoric, qui, élevé à Constantinople, y avait pris le goût de la science et des arts, cette influence disparut en partie, et on vit poindre l'art bysantin, sinon dans les ensembles qui restèrent encore romains, mais dans les détails. Cela fut dû sans doute à la protection dont le prince entourait les artistes d'une ville dans laquelle il avait passé sa jeunesse et où il avait conservé des relations proportionnées aux très-hautes fonctions qu'il y avait remplies.

Ainsi, la disposition générale des églises élevées sous son règne resta celle de la basilique latine; mais les chapiteaux devinrent grecs par le travail et le dessin, et les entablements qui les surmontèrent commencèrent à affecter cette forme cubique, qui fut bientôt dominante en Orient et caractéristique du style bysantin.

L'église de Saint-Apollinaire, *in Citta*, construite sous Théodoric, au commencement du VIe siècle, pour servir de cathédrale aux Ariens, est très-intéressante par ses mosaïques, et nous y reviendrons. Celle de Saint-Apollinaire, hors les murs, en forme de basilique comme la précédente, fut élevée par l'évêque Ursicinus entre les années 534 et 538, et décorée plus tard de mosaïques, qui sont du plus haut intérêt.

L'église du Saint-Esprit, à côté du baptistère de Sainte-Marie en Cosmédin, est encore en forme de basilique, de la même époque que celles dont nous venons de parler et presque sur le même plan; mais sa conservation est moins parfaite, et elle n'a plus la décoration en mosaïque qu'elle devait renfermer ainsi que les autres.

D'autres églises du même temps, mais plus altérées, sont encore debout à Ravenne; elles montrent, comme les précédentes, l'infiltration lente des formes bysantines dans les détails, mais toujours avec la conservation du plan de la basilique latine.

Hors de ces églises, il reste deux monuments qui sont de la même époque, les restes du palais de Théodoric et son mausolée. Le premier ne présente plus qu'un mur de briques avec quelques ouvertures cintrées, avec colonnettes et chapiteaux en marbre, le tout barbare et sans intérêt. Le mausolée, au contraire, pâle imitation de quelque monument antique de même nature, est construit en pierres de taille, circulaire à l'intérieur et couvert en coupole, mais sans aucune décoration. C'est, en somme, une construction assez grossière, bien inférieure aux monuments religieux de la même époque.

Mais ceux-ci allaient subir une nouvelle transformation. Nous arrivons, en effet, suivant l'ordre des dates, à un édifice dans lequel les caractères de l'architecture latine vont complètement et définitivement disparaître; nous voulons parler de la célèbre église de Saint-Vital, où tout est nouveau pour l'Occident, le plan aussi bien que le système de construction; et si la décoration au moyen de riches mosaïques ne diffère pas beaucoup de celle que nous remarquons aux basiliques, l'ornementation sculpturale nous montre un art plus sûr de lui-même et arrivé à une plus complète formation.

Ce monument est exclusivement bysantin, aussi bysantin que l'église Sainte-Sophie de Constantinople, dont il est contemporain et avec lequel il a de nombreuses analogies. Il a été construit, de 541 à 547, lorsque Ravenne, déjà conquise par Bélisaire, général de l'empereur Justinien (1), cessa d'être la capitale du royaume ostrogoth que Narsès acheva bientôt de détruire. Bâti au moment

(1) Justinien a régné de 527 à 565.

où cet événement avait lieu, cet édifice fut établi, en quelque sorte, comme une réaction contre les anciens modèles, et surtout contre ce plan de basilique qui avait été dominant jusque-là. Sa forme est octogonale, et il est couvert en coupoles, lorsqu'on ne connaissait auparavant, en Italie, que les longues nefs parallèles surmontées de charpentes apparentes, et son exécution sans tatonnements et sans repentirs, très-ferme et très-énergique, indique un art déjà arrivé à sa complète maturité, composé et exécuté par des artistes habiles, parfaitement préparés pour son interprétation.

Nous avons esquissé à grands traits la marche de l'architecture à Ravenne ; nous l'avons vue jeter un dernier éclat dans le courant du Ve siècle en continuant à employer les formes purement antiques et païennes, puis se laisser pénétrer, peu à peu, par un art tout différent et que des circonstances particulières se rattachant, comme nous l'avons dit, à l'histoire de cette ville, avaient mis, plus tôt qu'ailleurs, en contact avec les gouvernements qui la dirigeaient.

Il nous reste maintenant à examiner, dans leurs détails, les monuments de cette ville célèbre, en établissant leur caractère définitif, et en recherchant l'influence qu'ils ont pu avoir sur le mouvement architectural du reste de l'Europe.

II

Du commencement du Ve siècle à la fin du VIe, on a élevé à Ravenne, ainsi que nous l'avons expliqué, des édifices de grande dimension, dont la décoration n'a pas toujours été faite en même temps, ce qui nous donne la facilité de suivre pendant plus de trois siècles les variations du système décoratif employé. Les mosaïques, qui en font la base principale, ont particulièrement un intérêt si considérable, sans nous arrêter davantage à l'étude psychologique de ces édifices mêmes, s'il nous est permis de nous exprimer ainsi, que cela seul doit nous engager à les analyser en détail, au double point de vue de l'art et de l'iconographie. Une description de ces monuments nous fera mieux comprendre. Nous les suivrons par ordre de dates.

La petite rotonde de Sainte-Marie en Cosmédin doit être le plus ancien de ceux des monuments de Ravenne qui ont conservé leur ornementation. Cette rotonde est bâtie en briques, comme le sont, du reste, les autres édifices de cette ville ; mais enclavée dans des maisons particulières, il est difficile aujourd'hui de juger ce que pouvait être l'extérieur. Au dedans, la voûte, en coupole, qui la recouvre, contient encore une belle mosaïque de la fin du IVe ou des toutes premières années du Ve siècle. Cette mosaïque est faite avec des petits cubes de verres peints et renferme des figures sur fond d'or ; elle indique une industrie pratiquée déjà depuis assez longtemps pour que les ouvriers en fussent maîtres. A quel moment précis et à quelle contrée peut-on faire remonter l'invention de ce genre de mosaïque et son application sur les murailles ? La réponse à cette question nous paraît facile. En effet, comme nous ne les rencontrons dans les édifices de Pompeï, qui datent de la fin du Ier siècle, qu'à l'état rudimentaire, et qu'un des exemples les plus anciens, celui que nous présentent les voûtes collatérales de l'église Sainte-Constance à Rome, bâtie dans la première moitié du IVe siècle, remonte à Constantin, c'est-à-dire à une époque où l'empire d'Orient prenait un développement considérable, nous sommes convaincu que cet art de la peinture par les mosaïques est arrivé de l'extrême Orient pour se répandre de là en Italie.

Ravenne qui avait avec l'empire d'Orient les rapports les plus directs, devait donc, plus que toute autre ville italienne, être la première à s'emparer d'un élément décoratif qui réunissait la durée à la puissance des effets obtenus.

La mosaïque de Sainte-Marie en Cosmédin est un des exemples les plus anciens que nous puissions rencontrer, et, sous ce rapport, elle mérite toute notre attention.

La composition est divisée en deux zones circulaires dont la plus élevée, celle qui occupe le sommet de la coupole, représente le baptême du Christ. Dans la zone inférieure, sont rangés les douze apôtres se dirigeant vers un trône enrichi de pierreries en avant duquel s'élève la croix, symbole du Sauveur des hommes. Le sujet principal représentant le Christ est entouré d'une bordure circulaire sur laquelle se trouve un tore orné de lauriers; le Fils de Dieu, imberbe et les bras collés au corps, est plongé à moitié dans les eaux du Jourdain, dont la transparence laisse apercevoir vaguement ses jambes nues. Saint Jean, recouvert d'une peau de bête et monté sur un rocher, le baptise, tandis que le Saint-Esprit descend sur sa tête. Le Jourdain est personnifié par une figure en robe brune tenant un roseau, que l'artiste, poursuivi de souvenirs antiques, a placée sur la gauche du Christ. Les apôtres sont sur fond d'or; le terrain sur lequel ils reposent est semé de fleurs; ils sont séparés les uns des autres par des palmiers, et vêtus de robes blanches; dix d'entre eux portent des couronnes d'or garnies de pierreries, les deux autres, saint Pierre et saint Paul, les plus rapprochés du trône, se font reconnaître, le premier, par les clefs, et le second par un papyrus. Le trône, de couleur brune et couvert de pierreries, est élevé sur deux degrés ornés de perles et de pierres précieuses; il est vide, mais une nappe blanche pend sur le devant, et celle-ci est couverte d'un coussin qui laisse apercevoir le dossier garni d'une draperie bleue et dont les montants, or et brun comme le reste, sont également enrichis de pierreries. Enfin une croix d'or, placée à dix centimètres environ en avant de la nappe blanche, et garnie de pierres précieuses, précise l'intérêt de toute cette scène et lui donne son caractère définitif.

Cette mosaïque du IVe siècle est évidemment romaine pour la composition et le dessin; les types des personnages et leurs vêtements rappellent les peintures des catacombes au moment de leur abandon, dans le commencement du Ve siècle; la figure du Christ, privée de barbe, est un autre indice de sa provenance latine aussi bien que de sa haute antiquité en iconographie chrétienne ; mais si les cartons de cette mosaïque ont été composés par des artistes romains, il est à peu près certain pour nous que leur exécution est due à des ouvriers qui avaient appris leur art à Constantinople. Cette mosaïque est du reste exécutée avec une certaine grossièreté, mais sans que l'expression générale en souffre, laissant, au contraire, à l'ensemble assez de fermeté de style pour que son étude soit digne du plus haut intérêt.

Parmi les édifices les plus anciens et les mieux conservés de Ravenne, il faut ranger ici la très-petite église des Saints-Nazaire et Celse, qui est devenue plus tard le lieu de sépulture de la sœur d'Honorius, Galla Placidia, qui l'avait fait construire.

Ce petit monument est en forme de croix latine, avec une petite coupole construite sur un plan carré, à l'intersection des bras de croix. Cette disposition, si souvent reproduite depuis dans les édifices de style roman, devait être originale à cette époque, mais peut-être fut-elle due à quelque importation orientale dont les architectes s'emparèrent comme répondant admirablement à l'expression religieuse qu'ils devaient rechercher.

Quoi qu'il en soit, c'est bien certainement un des plus anciens spécimens de ce genre de construction qui existe encore, et il méritait à cet égard de ne pas passer inaperçu.

Cet édifice est entièrement construit en briques et présente un fronton à chacune de ses quatre extrémités. Ces frontons ont des parties saillantes figurant des modillons et des moulures dont la brique seule forme le fond. Des arcatures aveugles à faible relief décorent la nudité des faces, et une très-petite fenêtre est placée dans trois des frontons, tandis que la porte d'entrée se trouve au-dessous du quatrième. Ces trois fenêtres et quatre autres aussi petites placées dans la coupole, sont les seuls moyens d'éclairage et d'aérage de ce petit monument, qui convenait ainsi parfaitement pour servir de lieu de sépulture et avait probablement été construit dans ce but.

A l'intérieur, il est sans décoration jusqu'à la hauteur de 2 mètres 62 centimètres au-dessus du sol, du moins aujourd'hui, car tout porte à croire que le dallage actuel en marbre, où le blanc et le rosé dominent, a été fait avec les anciennes plaques de revêtement des murs dont cette partie inférieure était couverte, et la peinture à fresque moderne qui recouvre l'enduit et avec laquelle on a cherché à imiter le marbre blanc, n'est peut-être que le souvenir de ce qui existait auparavant.

Cependant il reste devant l'autel un petit fragment de ce qui pouvait être le dallage primitif. C'est une assez riche composition, où les marbres violet, vert antique, gris, vert, rouge et blanc, se marient heureusement sous les formes géométriques d'un dessin tout-à-fait antique. Ce léger fragment n'est cependant pas le seul objet intéressant que renferme la chapelle dans sa partie inférieure, cinq sarcophages s'y rencontrent; au fond, et en face de l'entrée le plus grand et le plus fruste, est celui dans lequel la sœur d'Honorius a été inhumée ; il est en marbre blanc et était recouvert, dit-on, de plaques d'argent et d'autres métaux précieux, qui auraient été enlevés pendant les invasions diverses que Ravenne a subies; le second, à droite, au fond du bras de croix, a servi de tombeau à Honorius; il est aussi en marbre blanc et recouvert d'un couvercle en forme de toit à deux pentes revêtues d'écailles arrondies, d'un relief très-peu accentué. Sur la face principale, des pilastres cannelés ornent les angles, et trois arcatures, dont celle centrale avec fronton triangulaire, en forment la décoration; elles renferment chacune la croix, mais dans celle du centre, l'agneau est placé en avant de ce symbole et deux colombes sont perchées sur ses branches.

A gauche et en vis-à-vis du premier, un troisième sarcophage a reçu les dépouilles de Valentinien et de Constance. Il est à peu près de la même forme que le précédent, et on y a représenté, sur la face principale, au centre, un agneau monté sur un petit tertre entre deux autres agneaux accompagnés de deux palmiers.

Près de l'entrée, l'un à gauche et l'autre à droite, sont rangés deux autres sarcophages sans sculpture, dont la destination est inconnue. Toutes les sculptures sont d'un dessin barbare et n'ont qu'un relief très-faible, confirmant encore une fois la remarque qu'il nous a été donné de faire souvent lorsque des monuments de cet âge ont passé sous nos yeux, à savoir que la décadence dans l'art de la sculpture a été plus rapide et plus complète que dans celui de la peinture, de même qu'il lui a fallu plus longtemps pour se relever.

A partir du cordon qui termine la partie inférieure de cette petite église, à 2 mètres 62 centimètres du sol intérieur, comme nous l'avons déjà dit, commencent les voûtes et aussi la décoration en mosaïque de verre coloré qui donne tant d'intérêt au monument et qui couvre tous les parois de sa riche ornementation.

La voûte de la petite coupole qui s'élève au centre de l'édifice est à fond bleu assez foncé et semé d'étoiles d'or très-serrées, avec croix au centre, également en or. Aux quatre angles des retombées, les symboles évangéliques en or et portés par des nuages blancs, modelés de rouge, donnent un point d'appui à cette décoration, encadrée, du reste, par une large bande à fond rouge, sur laquelle se déroulent des rubans alternativement bleus en-dessus et vert jaunâtre en-dessous, redessinés d'un filet blanc. Quatre tympans supportent cette coupole, au-dessus des voûtes proprement dites du petit édifice; ils renferment chacun, au centre, une petite fenêtre et deux figures de saints vêtus de blanc, placées, l'une à gauche et l'autre à droite, portant sur un terrain de couleur jaune verdâtre; le fond est d'un bleu intense, et la composition se complète, au-dessous des petites fenêtres, dans les deux tympans occupant la gauche et la droite de l'autel, par un vase dans lequel deux colombes viennent se désaltérer, tandis que dans les deux autres tympans ces oiseaux sont seulement tournés vers un vase d'où jaillit un jet d'eau; enfin ces tympans se terminent sous le formeret par de grandes coquilles de ton jaunâtre, ornées de perles, et reposent sur des archivoltes avec fond gros bleu, décorées d'un rinceau de vigne d'or. Saint Pierre et saint Paul sont parfaitement reconnaissables sur le tympan de droite en regardant l'autel ; sur les autres, les figures sont drapées différemment ; mais elles ont le geste identique, tandis que le bras et la main droite sont tendus en avant ; celle de gauche porte un pan de la draperie, qui se replie sur le bras.

La voûte longitudinale a, aussi bien en avant qu'en arrière de la coupole, le même dessin formé de rosaces, de trois grandeurs et de formes différentes, disposées en quadrille sur un fond bleu indigo ; celui-ci est encadré d'un ornement en double poste d'or sur fond noir, séparé par des perles au milieu. L'arc double, en avant de la coupole, renferme un gros tore de fruits et feuilles sortant d'une corbeille d'or et placé sur un fond blanc entouré de deux bandes, l'une bleue et l'autre blanche ; une croix d'or sur le fond bleu d'un nimbe, forme au sommet de l'arc, le point de jonction de ces feuillages, dont l'exécution est parfaite au point de vue décoratif. L'ornementation de l'arc doubleau qui correspond à celui que nous venons de décrire dans la partie de la voûte qui s'étend derrière l'autel, présente une composition différente et se compose de méandres d'un vert jaunâtre et rouges bordés de blanc et s'enlevant sur un fond noir.

Les deux voûtes latérales ont également un fond bleu, mais la richesse de leur décoration est plus grande ; elles sont pareilles, sauf pour la bordure et l'arc doubleau, et la description de l'une d'elles suffira pour les faire connaître toutes les deux. En partant du bandeau sur lequel repose la voûte, s'élève, dans l'axe de la voûte et porté par un culot d'or, un rinceau de feuillages de vigne d'or, bordés de blanc, au milieu duquel pose une figure de saint debout, dont les vêtements sont également en or. En face la même disposition existe, et toutes deux s'arrêtent au centre, auprès d'un cercle de feuillages divisé en quatre parties, alternativement vertes et rouges, bordées et reliées par des bandes d'or, au milieu duquel le monogramme du Christ en or sur fond bleu, formé de lettres romaines, est accompagné de l'alpha et de l'oméga en caractères grecs.

Il nous reste à décrire les quatre tympans qui se trouvent sous ces voûtes, aux extrémités des nefs; ces tympans renferment des figures; au-dessus de la porte d'entrée, celle du Bon Pasteur sur fond d'or, entouré de six brebis, qui ont toutes la tête tournée du côté du Sauveur des hommes, est représentée sous la forme d'un homme jeune et sans barbe, caressant une des brebis de la main droite et tenant de la gauche la croix; assis sur une espèce de tertre, il est vêtu d'une robe et d'un manteau, et sa tête, d'un beau caractère romain, est entourée d'un large nimbe. Toute la composition est bien faite, groupée sans confusion et témoignant que l'art de la peinture, à cette époque, avait encore une grande vitalité, malgré les difficultés inhérentes aux procédés de l'exécution.

Le tympan opposé, placé derrière l'autel et dans lequel se trouve percée une des petites fenêtres qui éclairent le monument, présente une composition d'un caractère assez différent de la première. Sous la fenêtre est un gril, sous lequel un feu violent est allumé; à gauche, est une sorte d'armoire portée sur deux pieds, couronnée d'un fronton, dont les portes sont ouvertes, laissant voir quatre livres reposant sur deux rayons, au-dessus desquels on lit très-nettement les noms de Lucas, Matteus et Joannes; le quatrième nom, celui de Marcus, sans doute, ne laisse plus paraître que l'*s* finale. A droite, une figure d'homme jeune, nimbé et légèrement barbu, s'avance d'un pas rapide vers le brasier; il porte une croix sur l'épaule droite et un livre ouvert de la main gauche; les vêtements, bien dessinés, sont agités par le mouvement très-accentué de la figure, qui fait le geste d'une personne qui se préparerait à lancer dans la flamme le livre qu'elle tient à la main. Mais si cette composition diffère de la première par le mouvement et l'action, elle est du même caractère et de style exclusivement romain.

Les deux autres tympans terminant de droite et de gauche les bras du petit édifice, présentent le même sujet, avec de très-légères différences dans les détails. Du centre, au-dessous de la petite croisée qui s'ouvre à la même place qu'au tympan qui précède, partent de grands enroulements, d'un dessin tout antique s'échappant d'un milieu formé de plantes, au centre desquelles le mosaïste paraît avoir voulu représenter de l'eau. Deux cerfs, aux fortes ramures et au dessin puissant, se dirigent de ce côté et tendent le cou comme s'ils cherchaient à se rapprocher de la source que l'artiste a indiquée; ils complètent ainsi un ensemble très-décoratif et d'un grand effet, en lui donnant sa physionomie symbolique.

Nous nous sommes un peu étendu sur les mosaïques qui décorent le tombeau de la sœur de l'empereur Honorius, Galla Placidia, parce qu'elles nous présentent un tout homogène et sont certainement un des exemples les plus anciens de ce genre de décoration, qui prit plus tard, surtout en Orient, un développement si considérable. Dans cet art, tout est encore romain, le style de l'ornementation comme celui des figures; il n'y a rien d'oriental dans l'exécution que le procédé employé; les formes sont antiques et empruntées exclusivement aux traditions païennes, soit comme dessin, soit comme modelé; les figures seules et les animaux qui les accompagnent révèlent les premiers pas du symbolisme chrétien dans sa marche vers de nouvelles interprétations.

A partir de cette époque, le commencement du Ve siècle, l'influence bysantine devint toujours plus prépondérante, et nous allons rencontrer dans les monuments qui nous restent à décrire, des signes de plus en plus marqués de sa prédominance dans les arts, d'abord dans la décoration proprement dite, et plus tard dans les formes générales des édifices mêmes.

Le baptistère de Saint-Jean, que nous avons déjà mentionné, remonte à peu près au même temps que les édifices que nous venons de décrire. Il est un des plus intéressants parmi les monuments de Ravenne, mais il ne présente pas dans sa décoration la même unité de style que les précédents. Restauré ou orné à des moments assez éloignés les uns des autres, nous y rencontrons deux styles, le romain et le bysantin; il nous servira donc de transition toute naturelle avant d'arriver aux édifices où l'influence orientale devient plus exclusivement dominante, dans la ville que nous étudions.

Ce petit monument, de forme octogonale, et dont le diamètre intérieur d'une façade à l'autre ne dépasse pas 10 m. 52 c., se trouve à proximité de la cathédrale, dont il n'est séparé que par une ruelle. Enterré aujourd'hui assez profondément et enclavé parmi des constructions modernes, il ne se fait presque pas remarquer par l'extérieur qui, du reste, est construit complètement en briques et de la manière la plus simple. Il faut pénétrer à l'intérieur pour en comprendre tout l'intérêt. A première vue, on est saisi de la riche ornementation en mosaïque et marbres qui le décore dans les zones inférieure et supérieure; l'étage intermédiaire, décoré de stucs en mauvais état, forme, au contraire, un contraste d'autant plus frappant avec le reste, que des restaurations successives en ont altéré la première physionomie.

L'édifice renferme à la partie basse, enterrée aujourd'hui de plus d'un mètre, une arcade correspondante à chacun de ses huit côtés, et quatre absidioles placées de deux en deux de ses arcades. La retombée de celles-ci est supportée par huit colonnes avec bases et chapiteaux antiques, de diamètres et de dessins différents, provenant des ruines ou de la dépouille d'édifices païens, trois des fûts sont en albâtre oriental, trois autres en brèche violette, le septième est en marbre blanc et le huitième est un morceau d'entablement, en marbre blanc, conservant encore toutes ses moulures, et qui a simplement été posé sur champ; ses dimensions correspondent à peu près avec la moyenne des différents diamètres des colonnes. Les chapiteaux, comme nous l'avons dit en commençant, sont antiques, et sans doute proviennent des monuments du pays; mais nous remarquons deux caractères bien différents dans leur sculpture, nous donnant la mesure des deux courants artistiques qui déjà, dans les temps anciens, se croisaient sur ce rivage de l'Adriatique: les uns sont romains des époques qui correspondent au commencement de l'ère chrétienne, et leur style est composite, les autres sont d'ordre corinthien et tout à fait grecs d'arrangements et d'exécution. Le tailloir en marbre blanc qui couronne les uns et les autres n'est plus antique ; son exécution, dont la grossièreté forme contraste avec la finesse de travail de quelques-uns des chapiteaux, trahit la décadence extrême que la sculpture avait subie à cette époque.

En ajoutant que les chapiteaux et les colonnes ne s'accordent pas quant aux diamètres, ce qui indique bien les provenances diverses dont ils sont sortis, et que le sol, élevé d'un mètre environ, ne laisse plus voir les bases, à l'exception d'une seule devant laquelle on a fait une fouille, nous aurons décrit suffisamment la disposition et la nature de ces matériaux.

Au-dessus de cette partie inférieure de l'édifice, dont il est séparé par un cordon avec oves et perles en stuc, s'élève un second étage qui n'est pas disposé absolument de la même façon ; il renferme une fenêtre par chaque face, placée sous une arcature entre deux autres plus petites sous lesquelles sont établies des niches couronnées alternativement de frontons cintrés et de frontons triangulaires, et renfermant une figure en demi-relief tenant un papyrus à la main. Les colonnes qui supportent ces différentes arcatures, paraissent de même diamètre, autant que la distance nous a permis d'en juger, et leurs chapiteaux ioniques très-simples sont d'un même dessin. Celles qui correspondent aux angles, et jouent dès lors un certain rôle dans la construction au point de vue de la solidité, sont en marbre ; les autres sont probablement en stuc, de même que le reste de la décoration de cet étage dans lequel on ne voit aucune trace de mosaïque' celles-ci ayant été réservées seulement aux parties inférieure et supérieure.

Cette dernière en est entièrement couverte, et se compose de la voûte seule, supportée par huit grandes arcades correspondant à chacun des côtés et dont de simples consoles, à ornement barbare et à profil en doucine, soutiennent les retombées.

BIBLIOTHÈQUE NATIONALE R.F. IMPRIMÉS.

La décoration de cette voûte est, au point de vue de la peinture à cette époque, du plus haut intérêt, et sa vue nous a confirmé une fois de plus dans cette opinion que les bonnes traditions de cet art s'étaient bien mieux conservées que celles de la sculpture, et qu'il y avait encore au commencement du Ve siècle des dessinateurs et des peintres d'une véritable habileté, tandis que les sculpteurs, voire même ceux en ornement de quelque valeur, avaient disparu. Ce fait, du reste, ne doit pas nous étonner. Dans les époques troublées comme celles qui correspondent aux monuments dont nous nous occupons, les grandes œuvres en sculpture qui demandent plus particulièrement le concours, ou au moins le patronage des princes ou des hommes les plus considérables dans la hiérarchie sociale, ne se font plus, tandis que de simples particuliers peuvent encore faire faire des peintures. Le christianisme, naissant, du reste, en adoptant exclusivement la peinture pour la décoration des chapelles que certaines familles établissaient dans les catacombes, contribua à sauver cet art de la décadence que tous les autres ne tardèrent pas à subir, ajoutant ainsi un nouveau service à tous ceux qu'il allait rendre à l'humanité.

Cette voûte de San Jovanni in fonte affecte la forme de la demi-sphère, elle se divise en trois zones à partir du sujet principal qui correspond au sommet de la voûte, et qui est entouré d'un cadre assez large formé d'oves et de filets. Comme à la rotonde de Sainte-Marie en Cosmédin, ce sujet représente le baptême du Christ. Celui-ci est nimbé et immergé à mi-corps dans l'eau du Jourdain, personnifié par un personnage à peau très-brune dont le haut du corps seul s'élève hors de l'eau ; saint Jean, nimbé également, debout sur un rocher, et vêtu d'une peau de bête, baptise le Christ laissant échapper l'eau sainte d'une coquille qu'il tient de la main droite.

La première zone concentrique, qui touche à ce point central, contient sur fond d'or les douze apôtres revêtus d'une robe et d'un pallium. Ils tiennent tous à la main une couronne enrichie de pierreries, et sont séparés les uns des autres par une plante partant du sol où ils reposent, pour s'élever au niveau de leurs têtes. Leur nom est écrit horizontalement en lettres latines au niveau de leurs épaules ; les têtes ne sont pas nimbées, mais, comme dessin, et même comme mouvement, ces figures sont moins romaines que dans la mosaïque de Sainte-Marie en Cosmédin. Dans les plis des vêtements, dans la raideur et le forcé des attitudes, on voit poindre certains défauts de l'école bysantine, qui se sont beaucoup développés depuis, et nous n'oserions pas affirmer, au sujet de ces mosaïques, qu'elles ont été dessinées par des artistes latins, aussi bien que pour celles qui précèdent.

La seconde zone est séparée par un bandeau étroit de celle qui renferme les douze apôtres, elle repose sur l'extrados des arcs qui supportent la coupole, et contient huit motifs d'architecture en forme de petits temples avec hémicycle, encadrant alternativement les uns, un trône garni de tentures et de coussins, et au dessus duquel se trouve dans un nimbe circulaire la croix grecque, les quatre autres, un autel porté sur une marche, et composé d'une table appuyée sur quatre colonnes au dessus de laquelle un livre ouvert contient en lettres latines la désignation d'un des évangiles, sous la forme suivante :

EVANGELIVM SECVM MARC, etc.

Un grand ornement, du travail le plus riche et de caractère presque indien, sépare ces petits monuments, qui reposent sur un bandeau étroit servant de limite à la seconde zone. Cependant la base de cet ornement qui trouve sa place dans les écoinçons de la coupole, où il se développe avec beaucoup d'ampleur et la plus grande richesse de coloration, forme la troisième et dernière partie de cette splendide décoration.

Nous avons dit que l'étage placé immédiatement au-dessous de la coupole était décoré seulement de stucs dont les caractères ont attiré vivement notre attention. Ces stucs doivent être en partie anciens et, peut-être, contemporains des autres décorations du baptistère, mais ils ont dû avoir été restaurés au XVIe ou au XVIIe siècle. Le doute n'est pas permis pour certaines parties, mais leur état actuel est pitoyable, et le badigeon qui les recouvre, et dont les tons gais s'harmonisent très-mal avec le coloris vigoureux des mosaïques et des marbres, achève de les déshonorer.

Sur chaque face de l'octogone intérieur se rencontrent à cet étage deux figures en demi-relief dont les vêtements ont le caractère bysantin, et qui portent des phylactères; elles remplissent des niches dont les couronnements sont alternativement circulaires ou à frontons très-aigus, et qui se trouvent placées sous les petites arcades qui accompagnent la fenêtre. Des oiseaux devant un vase, des licornes ou des chèvres affrontées mais séparées par des corbeilles de fruits, complètent cet ensemble décoratif et garnissent l'intervalle qui sépare les frontons de l'intrados des arcs. Toute cette partie de l'ornementation nous paraît ancienne; mais celle qui lui est superposée, et que son état de dégradation extrême empêche, du reste, de bien apprécier, est très-douteuse, et il nous semble qu'elle appartient à une époque bien postérieure et probablement à celle de la Renaissance, comme nous l'avons déjà dit.

Nous touchons ici à une autre partie de l'édifice dans laquelle la décoration reprend tout son intérêt; c'est celle de l'étage inférieur, où les mosaïques dans les écoinçons des arcs, et dans les absydioles, avec des marbres posés en marqueterie dans les fonds des arcatures planes forment un ensemble d'une réelle magnificence. Chaque écoinçon contient un personnage en robe blanche et couvert du pallium dont le dessin et la pose sont beaucoup plus romains que dans les figures représentées sous la coupole. Ces personnages sont accompagnés de grands ornements, dont le dessin est aussi moins oriental que ceux de la partie supérieure. Nous sommes donc porté à croire que cette décoration a précédé la première, et, dans tous les cas, nous sommes certain qu'elle n'a pas été exécutée par les mêmes ouvriers. Le dessous des arcades est aussi couvert de mosaïques dont les dessins variés représentent des grecques, des tores de feuillages et autres motifs d'ornements empruntés au goût latin. Enfin, entre les voûtes des absydioles et les arcs qui les couronnent, sont placés de longues inscriptions en lettres latines. Mais la décoration des murailles, au-dessous des arcatures pleines, depuis les chapiteaux des colonnes jusqu'au sommet de ces mêmes arcatures, offre sur quelques points les restes d'un riche assemblage de marbres de prix formant des panneaux, des frises, des caissons et même quelques ornements simples, dans lesquels il est facile de retrouver la tradition de ces ouvrages en placages de marbre dont les Romains recouvraient les murailles de leurs palais. A l'exception de certaines grandes plaques circulaires en marbre rouge et bombées comme des verres de montres, ces marbres ont été débités en plaques extrêmement minces et qui n'ont pas toujours un centimètre d'épaisseur; un filet en stuc blanc légèrement en saillie arrête tous leurs contours déjà dessinés, du reste, par la différence de nuances des riches matières employées.

Quelques-uns de ces ouvrages sont aussi délicats et fins que s'ils avaient été exécutés en bois précieux, et la difficulté des contours les plus compliqués ne semble pas avoir arrêté les ouvriers.

Cependant, depuis les chapiteaux jusqu'au sol actuel, la décoration se simplifie et ne se compose plus que d'un parement formé de belles plaques d'albâtre oriental, tout à fait unies et posées sur champ. Le sol est simplement carrelé en grands carreaux de terre cuite modernes, et il a été relevé sensiblement, comme nous l'avons déjà dit; mais l'édifice n'en est pas moins humide, et il est en très-mauvais état de conservation. Une des colonnes qui supporte la coupole dans un des angles est étayée par un chevalement; le monument est d'ailleurs mal tenu et plus mal entretenu, et quoique l'intérêt qu'il présente soit tout à fait exceptionnel et qu'il serve de baptistère pour toutes les paroisses de la ville, il nous paraît menacé de destruction au moins pour toute sa partie décorative, c'est-à-dire pour tout ce qui fait son principal mérite.

Tandis que nous y prenions des notes et des croquis, des portions de la mosaïque se sont détachées de la voûte, et il est évident, qu'une fois commencée, cette dégradation s'aggravera sans cesse. Cet accident nous a permis de voir que les petits cubes de verre qui la forment, ont généralement douze à quatorze millimètres de côté, mais avec les plus grandes irrégularités de taillage, de forme et d'épaisseur.

Nous ne pouvons terminer la description de cet édifice aussi important pour l'histoire de l'art que précieux pour tous ceux qui s'intéressent aux origines du christianisme, sans mentionner la cuve baptismale en marbre blanc qui se trouve placée à son centre et qu'accompagne un siége épiscopal de même matière qui lui est adossé et en fait pour ainsi dire partie.

Cette cuve exhaussée d'une marche sur le sol actuel a été relevée avec lui, elle paraît contemporaine de l'origine du monument, mais les petites coquilles qui l'accompagnent sont des adjonctions beaucoup plus modernes, qui ne remontent pas au delà du XVIe siècle. Son diamètre est de 2.76 et sa profondeur suffisante pour l'immersion à mi-corps des catéchumènes, nouvelle preuve à nos yeux de la haute antiquité à laquelle il faut la faire remonter.

L'église de Saint-Jean l'évangéliste est une basilique remontant aussi à l'époque où Ravenne était devenue la capitale de l'empire d'Occident sous les fils de Théodose. Les colonnes en marbre gris veiné de noir et blanc et un peu rosé, qui séparent ses trois nefs, avec leurs bases et chapiteaux en marbre blanc, d'ordre corinthien et d'un dessin très-correct, proviennent d'un monument païen ; mais la date de leur nouvel emploi et de leur affectation à cet édifice est donnée par l'entablement de forme déjà toute bysantine qui recouvre les chapiteaux et sert de sommier aux arcs qui les surmontent.

A l'exception de ces colonnes, tout a été remanié et dénaturé à l'intérieur du monument, il y a un siècle et demi environ, à cette époque de restauration à outrance qui a déshonoré ou détruit tant d'édifices en Italie. L'église fut voûtée à ce moment là, et cette profonde altération apportée à la construction première, en obligeant au remaniement général de l'édifice, a dû faire disparaître en même temps tout ce qu'il pouvait renfermer de précieux en fait de décoration.

Aujourd'hui, il ne contient presque plus rien d'intéressant, à l'exception d'une chapelle dont la voûte, peinte par le Giotto, est dans un état assez satisfaisant de conservation, et de quelques restes de son pavement primitif.

La voûte peinte par le célèbre Florentin est assez intacte pour ne laisser au spectateur aucun doute sur son origine; établie sur plan carré, elle est décorée de bandeaux figurant des nervures et simulant des mosaïques, qui la divisent en quatre triangles égaux. Chacun d'eux renferme, sur un fond bleu d'azur, et dans les angles inférieurs, des figures en coloris assises, d'un excellent style; dans le haut et près de la clef, sont renfermés dans des médaillons les quatre symboles évangéliques.

Les restes de l'ancien pavé sont en mosaïque d'une exécution extrêmement barbare et formée de morceaux de marbre. Ils se composent d'une trentaine de fragments environ représentant des animaux, des personnages, des ornements, des dessins géométriques et les signes du zodiaque; sur l'un de ses fragments où des personnages sont dessinés de la façon la plus sauvage, nous avons lu le nom de COSTATINO POLIMI.

A l'extérieur, tout ce qu'on voit de la construction est en briques et de la plus grande simplicité; il en est de même pour tous les monuments de cette époque, qui suivait en cela, comme en beaucoup d'autres choses, l'usage de la Rome antique. La façade est flanquée, sur le côté droit, d'un campanile carré, également en briques, supportant une flèche octogonale de même matière. Comme la plupart des campaniles romains, il est décoré, à la partie supérieure, de deux étages d'arcatures divisées par des colonnettes en marbre, au nombre de trois dans le bas, et de deux seulement à la partie la plus élevée.

Il y a peu de choses à dire des deux églises de Sainte-Agathe et du Saint-Esprit, si ce n'est qu'elles sont toutes deux en forme de basilique, mais que toutes deux aussi ont perdu leur ancienne décoration. La seconde de cette église, située à côté du petit baptistère de Sainte-Marie en Cosmédin, dont nous avons parlé comme du plus ancien parmi les monuments chrétiens de Ravenne, est précédée d'un porche ouvert d'ordre ionique, qui rappelle celui de Saint-Clément à Rome.

Il n'en est pas de même des deux églises importantes sous le vocable de Saint-Apollinaire, qui sont situées, l'une en dehors de la ville et même à une assez grande distance, environ 5 à 6 kilomètres, et l'autre à l'intérieur. Ces deux monuments, et particulièrement le premier, dont la conservation, grâce à la solitude dans laquelle il est situé, est plus complète, ont encore la plus grande partie de leurs anciennes décorations, et soit sous le rapport architectural proprement dit, soit pour les arts qui ont concouru à leur embellissement, ils offrent tous deux un intérêt considérable et méritent la plus grande attention.

L'église Saint-Apollinaire, située hors les murs, et qui est appelée San-Apollinario in Classe, construite dans un terrain très-bas, couvert de nombreuses flaques d'eau, très-peu éloigné de la mer et presque à son niveau, est à peu près abandonnée. Desservie par des religieux, qui ne peuvent pas habiter un voisinage où les fièvres paludéennes sévissent avec une grande intensité, elle n'est visitée par eux qu'à des intervalles éloignés, et le service divin ne s'y fait qu'à certaines fêtes de l'année; son état général souffre naturellement de l'extrême humidité qui l'entoure, et si son éloignement de Ravenne l'a préservée, dans une certaine mesure, du contact des hommes, elle a subi de nombreuses atteintes par le fait de l'insalubrité qui l'enveloppe jusqu'à complète saturation.

Cet édifice a été bâti, comme nous l'avons dit plus haut, dans la première moitié du VIe siècle, sous la forme de la basilique latine. Il est divisé en trois nefs par une double ligne de colonnes soutenant des arcades, qui sont au nombre de 13 de chaque côté. Les 24 colonnes qui les supportent sont en albâtre oriental d'un poli magnifique, veiné de blanc et gris et nuancé de rose; leurs bases et chapiteaux sont en marbre blanc, et ces derniers, dont la sculpture sèche et tourmentée atteste une complète décadence, montrent cependant dans leur forme générale comme un essai d'affranchissement du type corinthien usité jusque-là. Exécutés sans doute d'un côté, tandis que les colonnes l'ont été d'un autre, ils sont d'un diamètre un peu plus faible que celles-ci et surmontés d'un sommier destiné à servir de retombée aux arcs, qui est uni et sans moulures, mais décoré cependant du côté de la nef centrale d'une croix très-peu visible en raison de son faible relief.

Dans les détails, tout indique un abaissement de l'art marqué, et cependant l'ensemble, par son incontestable élégance et la pureté de ses lignes générales, montre encore la persistance des bonnes traditions architectoniques.

A l'exception des beaux matériaux dont il vient d'être question, tout le reste de l'édifice est en briques recouvertes de stucs avec quelques peintures dans la nef centrale et des mosaïques dans le chœur. Ces dernières seules ont du mérite par leur triple valeur de l'ancienneté, de la composition et d'une belle exécution; les peintures, appartenant à une époque beaucoup plus moderne, se composent seulement d'une suite de médaillons formant frise au-dessus des arcs de la nef principale et sous la charpente des nefs latérales; partout ailleurs, l'enduit est uni et sans décoration. Une charpente apparente sans traces de peintures d'ornement, que nous estimons ne pas devoir remonter plus loin que le XVe siècle, complète le bel ensemble de ces trois nefs, dont la largeur totale entre les murs latéraux est de 30 mètres 70 centimètres, tandis que leur longueur jusqu'à l'entrée du chœur atteint 48 mètres 40 centimètres.

Au milieu de la nef principale, qui est simplement carrelée en carreaux de terre cuite modernes, se trouve le tombeau de saint Apollinaire, en marbre blanc, portant la date de MCLXXIII, avec un petit autel au-dessus. On voit contre les murs latéraux quelques sarcophages, et au fond de la nef latérale, du côté gauche, s'élève un autel, que recouvre un ciborium en marbre blanc énrichi de sculptures, dont le caractère un peu barbare rappelle, aussi bien par les motifs employés que par le faire, quelques-uns de nos monuments de l'époque carlovingienne. Le chœur est beaucoup plus élevé que la nef; la différence de niveau est de 1 mètre 70centimètres, et il faut onze marches pour y arriver. Deux piliers s'élèvent à l'entrée, et nous avons remarqué, en avant de celui de droite, un livre figuré en marbre blanc,, sur lequel a été gravée une inscription, que le manque de temps ne nous a pas permis de relever, mais qui se termine par la date suivante : CCCLXVIII. A quel fait se rapporte cette date? Assurément pas à la construction de l'édifice, puisqu'il n'a été élevé que deux siècles plus tard.

Il nous reste à décrire les magnifiques mosaïques qui forment la décoration de l'arc triomphal, celle des parois latérales de la voûte du chœur, de son abside et du cul-de-four.

Au sommet de l'arc triomphal, le Christ au nimbe d'or se détache à mi-corps d'un médaillon; sur les côtés sont les symboles évangéliques ailés et entourés d'un nimbe; au-dessous, et séparés par une bande d'ornement, s'élèvent vers le Christ, en suivant la courbe de l'arc d'entrée du chœur, 21 agneaux blancs, sortant de Jérusalem et de Bethléem; plus bas sont des palmiers, et, au-dessous encore des archanges, Michel à gauche et Gabriel à droite, sont debouts, et leurs pieds portent sur des tabourets en forme de tablette plate d'ivoire incrustée sur le devant; plus bas encore, sont deux bustes de saint Luc et saint Mathieu, vêtus de blanc, tenant le livre des Évangiles, et la tête entourée d'auréoles d'or bordées d'un liseré blanc.

A l'intérieur du cul-de-four s'étend, d'un côté à l'autre, un riche bandeau à fond d'or, recouvert de feuillages et d'arabesques, qui laissent dominer le fond ; les feuillages sortent d'un culot, formant au départ un dessin recroisé, et ils se terminent, au sommet, par des détails d'une grande finesse, qui encadrent un vase en grisaille.

Passant de la bordure au sujet du cul-de-four, on voit dans l'axe un immense nimbe circulaire, au fond bleu clair, semé d'étoiles d'or disposées symétriquement ; au centre de ce nimbe et dans l'axe, l'artiste a figuré une grande croix à fond d'or, enrichie de pierreries ; qui contient, au centre, le buste du Christ. De chaque côté de la croix sont l'alpha et l'oméga, et le nimbe qui contient cet ensemble est entouré d'une large et riche bordure, d'une belle couleur rouge ornée de perles et de pierreries.

Le reste du cul-de-four est à fond d'or ; la partie du haut est laminée de grands nuages ; au sommet, la main de Dieu bénit son divin Fils, représenté sur la croix placée au-dessous ; Moïse, vêtu de blanc, imberbe et à mi-corps, est porté sur les nuages ; il doit représenter saint Pierre comme on le voit dans la catacombe de Sainte-Calliste à Rome ; Élie, également vêtu de blanc, lui fait pendant sur la droite, et il montre du doigt le centre de la croix. Ces deux figures, exécutées sans doute, comme tout le reste, par des artistes bysantins, ont cependant encore le type romain très-prononcé. Saint Apollinaire, nimbé, aux cheveux rares sur le sommet de la tête et à la barbe blanche, est placé debout au-dessous du nimbe crucifère. Il a les bras étendus et les mains ouvertes, comme dans les figures orantes ; sa robe est blanche, mais elle est recouverte du pallium ; ses pieds nus posent sur un terrain couvert de gazon et planté de grands palmiers espacés symétriquement de chaque côté, entre lesquels sont d'autres palmiers plus petits disposés parmi des pierres rocheuses, qui sont semées de distance en distance. Deux agneaux, placés à gauche et à droite, et des colombes sont également répartis dans le paysage se dirigeant tous vers le Christ ; enfin aux pieds de saint Apollinaire, douze agneaux blancs, ayant entre eux des plantes en forme de lis, complètent l'ensemble du cul-de-four proprement dit.

Le mur de l'abside au-dessous est percé de cinq fenêtres, celle du centre a été bouchée ; sur le trumeau de droite on voit Abraham et Melchisédech. Ce dernier est à table et tient un pain, deux autres pains et un vase sont sur cette table, qui est recouverte d'une nappe blanche. Abraham, à la gauche de Melchisédech, lui présente son fils ; de l'autre côté, un ange offre l'agneau qui doit remplacer Isaac dans le sacrifice. Cette dernière figure, d'une exécution assez grossière, regarde le spectateur sans avoir l'air de prendre part à l'action. Le panneau de gauche contient les figures debout de Constantin, d'Héraclius et Tibérius, empereurs. Ils occupent le centre de la composition, et ont derrière eux des saints et des saintes vêtus de blanc, tandis que les trois empereurs ont les plus riches costumes. Comme encadrement de ce tableau et du précédent, sont établis des pilastres enrichis de pierreries, couronnés d'aigles d'or, et supportant une arcature ornée ; ils simulent un portique sous lequel sont les figures et que garantissent des draperies relevées de chaque côté. Dans les trumeaux entre les fenêtres sont simulées des niches avec baldaquins et rideaux entr'ouverts, laissant voir chacune un saint ayant une couronne d'or suspendue au-dessus de sa tête. Ces saints, que leur nom distingue, sont : saint Ursicinus, saint Ursus, saint Séverus et saint Eclésius ; ils tiennent tous un livre et ont la même attitude. Le tout est complété par les ébrasements des fenêtres qui renferment une ornementation de colonnettes et de feuillages.

Nous nous sommes longuement étendu sur les précieuses mosaïques du chœur de Saint-Apollinaire, parce qu'elles nous paraissent avoir un intérêt particulier dans l'histoire de l'art, en raison de leur double origine grecque et romaine. Dans ces mosaïques, les figures ont encore le sentiment romain, et l'ornementation est antique, quoique exécutée avec une extrême sécheresse, mais, ce qui, dans la décoration, appartient plus particulièrement à l'architecture, est déjà mélangé d'éléments tout à fait orientaux, telles que les perles et les pierres précieuses qui décorent les pilastres et les arcatures encadrant les sujets principaux, ainsi que les niches placées entre les fenêtres, et que nous retrouvons autour du grand nimbe central. L'iconographie est toujours à peu près celle des catacombes de Rome, et les sujets représentés s'en écartent peu; le développement du christianisme n'avait donc pas plus créé encore, à cette époque, un art précisément nouveau, qu'il n'avait beaucoup développé les images servant à la représentation de son symbolisme et de ses mystères.

Tout reste, au fond, romain, et ces mosaïques appartiennent, dit-on, au VIIe siècle. Il faudrait en conclure, si cette date était exacte, que deux éléments se juxtaposaient alors dans l'art monumental, et que deux courants y régnaient parallèlement, obéissant à des influences diverses, sans se mélanger complètement, et en laissant apercevoir leur mutuelle origine.

Une autre explication est cependant possible, et c'est la nôtre: On peut supposer que ces mosaïques sont plus anciennes que la date qui leur a été donnée par la représentation des trois empereurs Constantin III, Héraclius et Tibérius, désignés par leur nom et qui ont régné de 660 à 685, qu'elles ont été l'objet d'une restauration sur ce point, et que ces figures, qui ont, du reste, plus que les autres, le caractère bysantin, ont remplacé d'autres effigies; la flatterie pour les souverains du jour a bien pu motiver ce changement.

Quoi qu'il en soit, nous livrons la solution du problème à des recherches plus complètes, nous bornant à le poser, et en faisant remarquer que les mosaïques de Saint-Apollinaire-Neuf et de Saint-Vital, dont nous allons parler, sont plus bysantines que celles de Saint-Apollinaire hors les murs, quoiqu'attribuées au VIe siècle, c'est-à-dire à une époque antérieure d'un siècle à la date affectée à celle du monument qui vient d'être décrit.

Saint-Apollinaire-Neuf, autrement dit *in Citta*, est encore en forme de basilique; mais si le chœur de cette église, refait au XVIIe siècle, ne présente plus aucun intérêt, la nef garnie de chaque côté, d'une rangée de colonnes couronnées d'arcades, a conservé au-dessus de celles-ci, par une exception à peu près unique en Italie, une riche décoration de mosaïques en deux frises latérales remplies de figures et de la plus belle conservation.

La façade du monument, entièrement construit en briques, est précédée d'un porche ouvert formé d'arcades supportées par des colonnes en marbre, qui doit être de la fin du XVe siècle, ainsi que la porte d'entrée. Ce porche est accompagné, sur la droite, d'un campanile, sur plan circulaire, également en briques, renfermant sept étages d'ouvertures. La disposition de ces ouvertures est singulière; toutes sont cintrées et à chaque étage divisées en quatre groupes. Aux deux étages inférieurs, chaque groupe se compose d'une ouverture simple; aux trois étages au-dessus, il est formé d'une ouverture double divisée par une colonnette; aux deux étages supérieurs, la division est triple, et deux colonnettes sont nécessaires pour la former, enfin le campanile est terminé par une toiture basse.

Le sol de l'église a été relevé à l'intérieur; il en résulte qu'une bonne partie des bases en marbre blanc des colonnes est enterrée; les fûts, d'un marbre gris à grandes veines longitudinales, sont peut-être antiques, mais les chapiteaux sont de sculpture grecque et assez grossière; par leur faire, ils répondent bien à l'époque où ce monument fut construit par Théodoric, dans la première moitié du VIe siècle.

La nef principale est couverte d'un plafond plat décoré de grands caissons sans doute contemporain du chœur; les basses nefs et les chapelles sont au contraires voûtées et de la même époque que ce dernier.

Nous avons remarqué, isolé entre deux colonnes, un ambon antique en marbre blanc très-veiné, avec quatre petites colonnes aux angles et un fragment de grosse colonne en granit gris au milieu. Cet ouvrage, qui indique la décadence de l'art romain, a dû, à l'origine, être placé ailleurs; ses deux faces latérales non taillées n'étaient pas destinées à être mises en évidence, et montrent bien qu'il a changé de destination. Dans une chapelle, construite, dit-on, pour recevoir les reliques de plusieurs saints, placée au fond de la basse nef du côté gauche, et qui est fermée par une clairvoie, en marbre découpé, divisée par une colonne de porphyre égyptien, existent des traces de l'ancienne décoration formée de marbres en plaques avec panneaux et bombes saillantes pareilles à celles du baptistère de Saint-Jean. Elle renferme un monument de caractère très-bysantin, porté par quatre colonnes en porphyre, et à droite un siége épiscopal en marbre blanc.

L'église de Saint-Apollinaire a été construite par Théodoric qui l'avait concédée aux Ariens pour en faire leur cathédrale. Justinien Ier la rendit aux catholiques; elle était alors sous le vocable de saint Martin, et ce ne fut que beaucoup plus tard qu'elle fut dédiée à saint Apollinaire.

Les mosaïques qui forment la décoration de la nef centrale, ont été exécutées sous le règne de cet empereur, qui s'y trouve représenté avec l'impératrice Théodora, entre les années 552, date de la prise de Ravenne par Narsès, lieutenant de l'empereur, et 565, date de sa mort. Elles sont établies sur un fond d'or et forment un ensemble d'une richesse décorative exceptionnelle et de la plus haute valeur archéologique, se déroulant en une grande frise qui s'étend de chaque côté au-dessus des arcs dans toute la longueur de la grande nef, et accompagné de figures isolées, situées plus haut, entre les croisées qui éclairent le monument.

En partant de la porte d'entrée, la frise du côté gauche, celui qu'occupaient les femmes dans l'Église primitive, et qu'elles occupent encore dans les églises d'Orient, contient une ville qu'une inscription nomme Classis, et dont on aperçoit les maisons couvertes de tuiles rouges, et un monument circulaire dont la toiture est revêtue de bronze, au-dessus des murailles crénelées et garnies de tours. Classis était le port militaire de Ravenne, celui qui renfermait sa flotte, ainsi que son nom l'indique, et Saint-Apollinaire in Classe, situé dans son voisinage, en a gardé le nom. L'artiste qui a exécuté cette composition, a voulu l'indiquer mieux encore par un coin de mer bleue qu'il a placée sur la gauche de la ville, et sur laquelle voguent trois galères aux voiles blanches, dont le corps, la mâture et les agrès sont d'or. De la porte de Classis sortent vingt-deux vierges vêtues de robes d'or enrichies de pierreries et couvertes de manteaux blancs; elles ont toutes le corps incliné en avant et portent à la main une couronne qu'elles vont offrir à la Vierge Marie, placée à l'extrémité opposée de la frise, du côté du chœur. Ces vierges ont sur leurs cheveux une couronne de perles, elles sont presque identiques de pose et de dessin, et sont précédées des trois rois Mages. Ceux-ci, inclinés, offrent divers présents à l'Enfant Jésus que la Vierge tient dans ses bras. La Mère du Christ est assise sur un trône enrichi de pierres précieuses; elle se présente de face et porte un manteau qui revient en capuchon sur sa tête; ses pieds reposent sur un tabouret incrusté de pierreries; l'Enfant Jésus, placé sur ses genoux, bénit d'une main et tient dans l'autre la boule du monde. Aux côtés de la Vierge, sont quatre anges tenant des sceptres : l'un tend la main pour recevoir les présents des rois, l'autre montre l'Enfant divin, le troisième bénit, et le quatrième a la main levée vers le ciel. Tout cet ensemble est bien conçu, noble et plein de caractère; les draperies sont belles et bien ajustées. Chacune des vierges a son nom écrit au-dessus d'elle, et entre toutes s'élève un palmier.

Sur le mur opposé à droite de la nef, se trouve une composition du même genre, mais formée de saints qui sortent d'un palais, désigné par une inscription comme étant celui de Justinien; ils s'avancent en portant des couronnes qu'ils vont offrir au Christ, assis comme la Vierge sur un trône et accompagné des quatre archanges, Michel, Gabriel, Raphaël et Uriel. Le Christ a de grands yeux, le nez long et fin, le visage allongé, les cheveux tombant sur les épaules, et la barbe taillée en pointe; le caractère de la tête est bien celui qui est devenu depuis dominant et qui a prévalu comme type caractéristique du Sauveur des hommes. Dans le tableau qui nous occupe, il fait le geste de bénir, et sa tête est couronnée d'un nimbe crucifère entourée de pierreries; le trône sur lequel il est assis est aussi de la plus grande richesse, mais son manteau brun et sa tunique blanche sont dénués de tout ornement. Justinien, suivi de vingt-quatre saints ou martyrs, séparés chacun par un palmier comme du côté opposé, et désignés par leur nom écrit au-dessus de leur tête couverte d'une auréole, sortent du palais de l'empereur qui se trouve ainsi en face de la ville de Classis. Ce palais se compose d'un portique formé de trois arcades au centre et couronné d'un fronton sur lequel règne une crête rouge représentant sans doute un ornement en terre cuite. Dans les arcades latérales, sont suspendues des guirlandes et des couronnes de feuillages, et au-dessous, des rideaux attachés à une tringle, mais le tout est accompagné de colonnes, de pilastres, de petites figurines et d'arabesques qui présentent un exemple curieux de l'architecture civile de cette époque, et qu'une description, même détaillée, est impuissante à rendre.

Au-dessus de la magnifique frise qui règne dans toute l'étendue de la grande nef des deux côtés, et que nous venons de décrire, d'autres mosaïques existent dans chacun des trumeaux qui séparent les fenêtres en plein cintre d'où se répand la lumière qui éclaire le monument. Chaque trumeau contient une figure de saint, à la robe et au manteau blancs avec bandes brunes, s'élevant sur un fond d'or; leurs pieds nus posent sur une tablette représentée en perspective et isolée par quelques centimètres de l'encadrement inférieur, et leur tête est couronnée d'une auréole et surmontée d'un dais en forme de coquille orné de deux colombes regardant une croix placée au centre.

On trouve rarement, en Italie, un exemple aussi complet de la décoration mosaïque appliquée à la nef d'une église que celui de l'église de Saint-Apollinaire in Citta, dont nous venons d'essayer de faire apprécier l'importance. En général, soit à Rome, soit à Ravenne, où il reste encore tant de monuments des premiers siècles de notre ère, ce genre de décoration, s'il a existé autre part que dans les absides où on le voit encore, a disparu partout ailleurs, et l'intérêt exceptionnel que la longue procession de vierges et de saints fait naître dans l'esprit des spectateurs, ne s'efface pas facilement. Chez les artistes, l'impression reçue est encore plus vive, et notre grand peintre Flandrin était encore sous le charme de ses études de Saint-Apollinaire in Citta lorsqu'il exécuta à Saint-Vincent-de-Paul, à Paris, cette décoration splendide qui restera comme une de ses meilleures créations.

Nous avons achevé la description de ceux des monuments de Ravenne dont l'ordonnance générale, sinon tous les détails, appartient encore à l'influence latine; il nous reste à décrire l'église Saint-Vital, dont les caractères, ainsi que nous l'avons déjà dit, sont exclusivement bysantins (1).

Dans cet édifice, le plan est octogonal au dehors comme au dedans. A l'intérieur, il se compose d'une partie centrale couronnée par une voûte émisphérique, séparée par des piliers d'un collatéral à deux étages qui en forme le pourtour. Huit grands arcs, un par face, s'ouvrent sur ce collatéral; sept sont fermés par des exèdres demi-circulaires, décorés chacun de trois arcades portées par deux colonnes à chaque étage, tandis que le huitième reste ouvert et donne entrée au chœur se terminant par une abside au-delà des limites extérieures du collatéral.

Aujourd'hui, le sol de cet édifice a été fortement exhaussé, et ses véritables proportions en sont dénaturées; il a également subi à l'intérieur de la partie centrale une décoration de peintures formée de pilastres, d'entablements, de guirlandes et de prétendus génies, dans le goût du siècle dernier, qui est d'un effet déplorable; mais

(1) Saint-Vital a été commencé en 526 par l'évêque Ecclesius et terminé en 547 par l'évêque Massimianus.

il reste dans le chœur un ensemble de mosaïques, aussi bien dans les voûtes que contre les parois des murs, qui est extrêmement remarquable, même dans une ville où il reste encore tant de joyaux du même genre.

Nous ne nous étendrons pas sur ces mosaïques, qui ont été plusieurs fois décrites et dessinées ; nous devons seulement faire remarquer que l'exécution de celles de l'abside est d'une grande finesse et que les têtes en sont d'un excellent modélé. Les effigies de l'empereur Justinien, à gauche, accompagné de saints personnages et de ses courtisans, et de l'impératrice Théodora, à droite, entourée de ses femmes, attirent le regard par une belle exécution et la somptuosité des costumes. Les autres mosaïques sont plus grossières que celles-ci qui occupent les places d'honneur et pour lesquelles on avait réservé, sans doute, les artistes les plus habiles; mais elles n'en sont pas moins curieuses au point de vue de l'iconographie.

Sur plusieurs points du monument, on retrouve des fragments qui permettent de se rendre compte de l'ancienne décoration là où elle a disparu : ainsi, dans le collatéral, nous avons remarqué contre le mur une frise avec incrustation de petits panneaux de marbre qui est encore en place partiellement, trois devants d'autel des chapelles sont composés de plaques de marbre blanc découpées à jour, qui ne sont pas autre chose que des morceaux de l'ancienne balustrade de la galerie supérieure réservée aux femmes; enfin, de nombreux restes de sculptures et d'inscriptions enchassés dans les murailles attestent la richesse primitive du monument.

Dans les édifices de Ravenne dont nous avons examiné les conditions décoratives, nous avions observé jusque-là quelques uns des caractères de la sculpture bysantine ; mais si la main des artistes qui taillaient les chapiteaux des basiliques, était habituée aux formes grecques, ces chapiteaux restaient néanmoins des imitations de ceux des temples de la Rome païenne, tandis qu'à Saint-Vital, il n'en est plus ainsi : ici l'ensemble aussi bien que le détail procèdent d'une direction d'idées nouvelle et sans analogie dans l'Occident.

Ainsi la forme de ces chapiteaux est cubique, sans moulures, ou du moins sans moulures prononcées, ressemblant à une section de pyramide renversée; les sculptures en sont méplates, d'une facture anguleuse et sèche, mais toujours variée, chaque chapiteau ayant un motif qui lui est propre et qui change de l'un à l'autre. Si l'exécution de cette sculpture indique bien sa filiation de la sculpture grecque quant au faire et à la manière, les dessins qu'elle reproduit sont en général neufs, originaux, et ne rappelant en rien l'art antique. Comme nous l'avons déjà constaté dans les deux églises dédiées à saint Apollinaire, il règne au-dessus des chapiteaux des entablements, à peu près de même forme, mais d'un développement plus grand, qui servent de support et d'appui aux sommiers des arcs.

Mais si la sculpture dénote à Saint-Vital un art nouveau, bien différent de celui qui avait dominé jusque-là en Occident, le plan et la structure générale de cet édifice nous montrent combien il diffère des autres ouvrages contemporains, quoique les altérations qu'il a subies par suite de prétendues restaurations, nuisent beaucoup, notamment à l'extérieur, à l'intelligence de sa physionomie primitive.

Avant Saint-Vital, il existait des constructions circulaires ou polygonales, et les Romains nous ont laissé plus d'un exemple de l'emploi de cette forme; mais ce qui vint démontrer un courant d'idées tout autre que celui qui dominait alors en Italie, ce furent : la division du collatéral en deux hauteurs par une voûte intermédiaire, la disposition des exèdres partant de chacun des côtés du polygone, l'arrangement du chœur se développant sur un des côtés de ce dernier et au-delà des limites de son étendue.

La construction de Saint-Vital, si nous ne nous trompons, dut faire événement parmi les artistes occidentaux de cette époque et il ne faut pas s'étonner si, à partir de ce moment-là, de nouvelles théories artistiques commencèrent à prévaloir d'abord au nord de Ravenne et dans la haute Italie, pour pénétrer ensuite, proportionnellement au degré de leur civilisation, dans les autres contrées de l'Europe, en combinant toujours davantage pour en former un ensemble concret dans un style nouveau, le double élément qui avait présidé à ses origines.

Nous venons de parler de l'Italie du nord et seulement d'elle, car il est en effet remarquable que la partie méridionale de la péninsule, plus fortement imprégnée de traditions païennes, plus soutenue par l'existence de tous les édifices antiques, qu'elle avait sur son sol, et dont la plupart étaient encore debout, résista davantage à tout élément étranger, et que Rome resta toujours essentiellement païenne en architecture, même jusqu'aux temps où nous sommes.

III

Nous avons constaté en examinant en détail les monuments de Ravenne, élevés depuis les dernières persécutions du paganisme, et au moment où le christianisme devenait prépondérant, de quel poids considérable ils pouvaient appuyer certaines études sur le mouvement artistique qui s'était alors emparé des intelligences. Il nous reste à réunir, dans quelques traits généraux, les résultats acquis pour l'histoire de l'architecture et des arts qui s'y rattachent, en montrant aussi que ces résultats ne se bornèrent pas à la contrée que des conditions éminemment favorables avaient prédisposée à les recevoir, mais qu'ils rayonnèrent de là sur toute la haute Italie et plus tard sur le reste de l'Europe.

Rappelons en quelques mots l'histoire de cette ville qui fut célèbre pendant plusieurs siècles.

Après la mort de Théodose (1) qui par ses talents d'admini-

(1) Théodose est mort en 395.

tration et de chef militaire habile, avait retenu sur la pente où il s'effondrait le vaste empire romain, ses deux fils Honorius (1) et Arcadius se partagèrent l'empire dont leur père avait réuni sur sa tête les deux gouvernements.

Le port de Ravenne servant de lien entre les deux capitales et pouvant permettre une fuite facile en cas d'attaque, la ville fut choisie par Honorius, afin d'échapper aux Goths qui avaient envahi l'Italie sous leur chef Alaric, comme lieu de résidence pour sa famille et pour lui, et comme siége du gouvernement de l'empire d'Occident qui lui était échu en partage.

Après les empereurs toujours de plus en plus faibles qui succédèrent à Honorius, Ravenne devint la capitale des Ostrogoths, puis rentra dans le domaine de l'empire d'Orient pour appartenir ensuite successivement à la royauté lombarde, au Saint-Siége et aux Vénitiens.

Des dernières années du IVe siècle jusqu'à l'année 568, elle fut une capitale sous les successeurs d'Honorius d'abord et les rois ostrogoths ensuite, et à la chute de ces derniers, elle resta encore une ville considérable, siége des exarques de l'empire d'Orient. Jusqu'aux époques confuses de la royauté lombarde, son importance comme grande ville fut donc durable, et tout ce qui précède nous explique le grand nombre de monuments qu'on y éleva et dont la plupart sont encore debout.

C'est à Ravenne que se construisirent, aussi bien qu'à Rome, les premiers monuments qui suivirent le triomphe de la religion nouvelle ; ces monuments sont donc aussi importants pour l'étude des premiers essais que faisaient les architectes afin de répondre aux nécessités de leur temps, que ceux que nous pouvons consulter dans la capitale de la chrétienté. Plus que ces derniers, ils ont conservé leur première physionomie, mais tandis qu'à Rome, où

(1) Le décès d'Honorius a eu lieu en 423.

abondaient les matériaux arrachés aux édifices antiques, l'élément païen domine, à Ravenne, où cet élément était peu abondant, il fallut créer du neuf; mais il est à remarquer que ce ne furent pas les motifs indigènes qu'on copia, mais des formes grecques ou plutôt bysantines. La sculpture, il faut le dire, était alors tombée bien bas en Italie, et peut-être devint-il nécessaire de recourir aux artistes de Constantinople, qui était alors dans la plénitude de son développement, et dans laquelle tous ceux qui s'occupaient d'art devaient être aussi nombreux que doués d'habileté.

Mais on ne peut pas avancer d'une manière absolue qu'un art nouveau se formât à cette première époque; sauf quelques éléments décoratifs, empruntés timidement à l'Orient, et que nous rencontrons dans la sculpture et les mosaïques, par exemple, tout resta romain, les procédés, le système généralement admis de la brique pour la construction, les applications de marbre et de stucs contre les parois des murs.

Les basiliques de la Rome païenne, ayant été utilisées par les premiers chrétiens pour la célébration de leurs mystères, ce fut sur ce modèle qu'on bâtit les premières églises; on continua donc à couvrir, comme auparavant, les grands espaces qu'elles renfermaient par des charpentes apparentes en ne voûtant que les absides.

Pendant près de deux siècles, l'art de bâtir resta stationnaire; il est vrai que l'Italie d'alors, toujours envahie par de nouvelles peuplades barbares, ne jouissait d'aucune tranquillité, et que l'instabilité des fortunes et des pouvoirs, en enlevant la sécurité du lendemain, rendait presque impossible l'érection d'un monument de quelque importance.

La foi nouvelle, quoiqu'elle ait enfanté les martyrs, n'avait pas su encore dominer le vieux paganisme dans le domaine des arts, et, triomphante dans les hautes régions de la morale, elle lui était restée soumise dans celles qui relèvent de l'esthétique.

Mais cette situation allait se modifier: C'est ainsi que nous l'avons vu, par Ravenne, que l'influence des arts bysantins commença à pénétrer en Italie. Avant Saint-Vital, cette influence s'était déjà fait sentir faiblement, mais, avec cet édifice, on peut dire que l'initiation aux œuvres architecturales d'Orient fut complète, et que les artistes contemporains connurent d'un seul coup, en Occident, toutes les qualités et les ressources de cet art nouvellement créé. Celui-ci qui venait de naître sous la triple influence de l'ancien art grec, de quelques traditions importées de Rome et des souvenirs rapportés du Levant par les voyageurs, participe de ses origines diverses.

Comme donnée principale, dans les édifices élevés par le catholicisme d'Orient, la forme de la croix grecque à branches de même dimension et coupole centrale plus ou moins vaste, prévalut bientôt sur toute autre combinaison de plan. Au lieu des charpentes apparentes, couronnant les basiliques, on adopta uniquement la voûte, et il est facile de reconnaître dans cette circonstance un indice certain des réminiscences des architectures persanne et hindoue qui avaient inspiré les constructeurs.

Dans les détails, la flore italienne abandonnée fut presque complètement remplacée par une flore exotique provenant de l'extrême Orient, exécutée de souvenir ou trahissant la copie.

Sous l'aiguillon d'une civilisation et d'une religion nouvelles, tous ces éléments, d'abord confondus et mêlés, finirent par trouver leur expression définitive, au moment où de grands artistes, s'en emparant, les mirent en œuvre pour la construction de Sainte-Sophie, à Constantinople, et de Saint-Vital, à Ravenne, monuments qui sont encore sous nos yeux.

Ce dernier édifice, remarquable par la pureté des lignes qui le composent, et la nouveauté de son plan, type très-correct de l'architecture bysantine, vint donc de bonne heure en Occident présenter l'exemple d'un ensemble complet de toutes sortes de solutions nouvelles en matière de constructions, et il dut exercer ainsi une influence considérable sur les imaginations de cette époque.

Plus tard, l'église Saint-Marc de Venise, également construite sous l'influence du bas-empire grec, tout en étant loin d'avoir la même unité de style que Saint-Vital, quoique par ses dimensions et sa décoration elle ait une importance majeure, devint un autre modèle. On peut dire seulement de l'église Saint-Marc que, tout en ayant emprunté à l'architecture bysantine les principales lignes de sa construction et les éléments de sa décoration, dont elle avait, à Saint-Vital, un exemple des plus rapprochés, elle fut cependant déjà une sorte de transaction entre les idées de l'Orient et celles de l'Occident, en reliant les uns aux autres des principes qui appartenaient aux deux courants.

A ce point de vue, l'étude de ce dernier édifice peut devenir très-attachante, puisqu'elle doit faire apprécier plus nettement l'introduction des formes et des méthodes grecques dans la manière de construire des peuples occidentaux.

IV

Pour résumé de cette étude sur les monuments de Ravenne, nous croyons avoir donné la preuve rigoureuse, par les monuments que nous avons décrits et les dates de leur construction, que les occidentaux ont dû recevoir par cette ville les premières notions de l'art de bâtir qui s'élaborait alors dans l'empire d'Orient, moins exposé que celui d'Occident aux invasions des peuples barbares, plus éclairé peut-être, et dans tous les cas mieux défendu.

Ces notions, d'abord confuses jusqu'à la construction de Saint-Vital, se sont affirmées davantage par la suite, et plus tard ont continué à pénétrer en Italie par Venise qui préludait à ses brillantes destinées.

De cette introduction d'un art nouveau, est née cette architecture qu'on appelle lombarde dans la haute Italie, romane ou romano-bysantine dans la partie la plus occidentale de l'Europe, où elle a produit des édifices remarquables et d'une si haute valeur; architecture qui, du IXe au XIIe siècle, s'est modifiée sans cesse en s'améliorant toujours, et pleine de sève et d'originalité, surtout dans les provinces françaises, n'a disparu que devant un art plus national, plus puissant, plus neuf encore, et qui répondait plus pleinement aux aspirations d'une époque de grande rénovation sociale et politique.

Mais tandis que, transporté en Occident, l'élément bysantin, mêlé aux souvenirs de la Rome païenne, produisait, par des transformations successives, un art considérable, il est à remarquer qu'en Orient même, dans cet empire qui avait emprunté aux peuples qui le confinaient à l'est tant de notions nouvelles, il s'était glissé en même temps, à l'imitation des cours de l'extrême Orient, des principes de luxe excessif et de mollesse qui énervèrent le corps social, et bientôt après tous les arts, de manière à les frapper d'une stérilité bien marquée. En effet, depuis le VIIIe ou le IXe siècle, l'art bysantin ne fit plus de progrès, et il s'immobilisa si complètement dans certaines formes désormais consacrées, qu'à partir de ce moment, cet art, cristallisé en quelque sorte, ne sut plus que se reproduire sous des formes toujours les mêmes, se copiant et se recopiant sans cesse, en perdant chaque fois un peu plus de sa verve primitive et de ses premières aspirations.

Dans ces reproductions variées, cet art ne fit plus un seul pas en avant, et il devient difficile aujourd'hui de fixer à celles-ci des dates précises. Telle peinture faite à notre époque et rencontrée dans un des couvents du mont Athos n'a-t-elle pas pu passer auprès de quelques observateurs pour une œuvre ancienne lorsqu'elle en parodiait le caractère archaïque et la sombre majesté? Mais si les populations grecques et slaves ont conservé sous une forme trop hiératique un art qui s'était développé sur les ruines du grand empire romain et était né en quelque sorte au milieu des débris de la civilisation païenne, il ne faut pas moins se souvenir que cet art s'est montré, à ses débuts, aussi puissant qu'original. Or, si par ses destinées, une ville se trouvait plus particulièrement apte à servir d'introductrice à cet art en Occident, ce fut Ravenne; c'est par elle que pénétra, dans l'Europe occidentale, ce germe venu de l'Orient qui pouvait féconder le génie de ses artistes; c'est à Ravenne que revient le mérite de cette initiation.

Nous espérons l'avoir fait comprendre dans cette étude, en regrettant que, faute de développements plus considérables, il ne nous ait pas été permis de rendre nos preuves aussi saisissantes que le comportait notre conviction.

Toutefois, nous avons ouvert une voie; d'autres, plus heureux, pourront la suivre, en démontrant mieux que nous l'importance historique exceptionnelle des monuments de cette ville presque abandonnée aujourd'hui. C'est notre désir et notre dernier vœu.

DESJARDINS.

Fin septembre 1874.

BIBLIOTHÈQUE NATIONALE IMPRIMÉS. R.F.

(Extrait des Mémoires de l'Académie des Sciences, Belles-Lettres et Arts de Lyon).

Lyon, Association typographique. — C. RIOTOR, rue de la Barre, 12.

www.ingramcontent.com/pod-product-compliance
Ingram Content Group UK Ltd.
Pitfield, Milton Keynes, MK11 3LW, UK
UKHW021123230726
13926UKWH00002B/624